शिउली के फूल

(कविता-संग्रह)

शिउली के फूल

डॉ. लीना झा

भारतीय ज्ञानपीठ

लोकोदय ग्रन्थमाला : ग्रन्थांक 1514

ISBN : 978-93-90659-35-7

शिउली के फूल

(कविता-संग्रह)

डॉ. लीना झा

प्रकाशक : **भारतीय ज्ञानपीठ**
4695, 21-ए, दरियागंज, नयी दिल्ली-110 002

मुद्रक : आर. टेक ऑफ़सेट प्रिंटर्स, दिल्ली-110 032

आवरण : वाणी स्टूडियो

SHIUALI KE PHOOL
(Poetry Collection)
by Dr. Leena Jha

Published by
Bharatiya Jnanpith
4695, 21-A, Daryaganj, New Delhi-110 002
Ph. : 011-23273167/23275710
e-mail : bharatiyajnanpithsale@gmail.com

First Edition : 2021
Second Edition : 2022

Price : INR. 250

भूमिका

उठ गई हूँ आज मैं, चिर निद्रा से सघन
भाल तपती–सी धरा, दुकुल न अब मेरा वसन
ब्रह्मनी के नेत्र जैसे, सजग, चौकस अक्षी ये
ताकते चहुं ओर, अब परित्राण आत्मद्वंद से
प्रियम्वदा के पुष्प अब शूल से हैं चुभ रहे
वाणी अब तक मौन थी, मानो बादल फट पड़े।
पट गई है धरा, विरोध और विवाद से
शिउली के फूल अब न कौमुदी परित्याग में

आजादी जब मिली थी तो माँ दो वर्ष की थीं। उन्हें आज़ादी अथवा आज़ादी के बाद का जश्न, त्रास, बंटवारा, आदि कुछ याद नहीं था। पर हमेशा उनकी जिंदगी में एक ठहराव–सा दिखा। किसी जलाशय के सीमित परिधि में जलकुंभियों से पाटी हुई जल की बात नहीं कर रही मैं। खुले समंदर की उफान खाती हुई लहरों के कुछ दस पंद्रह मीटर नीचे, गहराती नील होती हुई जल के गांभीर्य की बात कर रही मैं। उनके पिता गुलाम देश में अंग्रेजों के अधीनस्थ कार्य करते हुए भी गरिमामय व्यक्तित्व के स्वामी और अथक देश प्रेमी थे। अपनी बात कह कर ही रहते। शायद यही गुण माँ में भी कूट–कूट कर भरा था। अंतर था तो बस यही कि वो अपनी बात नितांत शांति एवं सौम्यता से करती थीं। उस जमाने में प्रतिष्ठित विश्वविद्यालय से स्नातक की डिग्री और ब्याह के तेरह साल बाद एम.ए. की डिग्री अर्जित करना एक विशेष मायने तो रखता ही था। किन्तु इन सब के बावजूद घर गृहस्थी में स्वयं को समेट लेना, एक पुरुष प्रधान समाज में अपनी हस्ती को कायम करना वाकई प्रशंसनीय और कठिन रहा होगा। नाराज़ होती थीं अगर हम पढ़ाई नहीं करते। वरना खेलना, खाना, बाहर घूमना, पेड़ पर चढ़ना, गोली, गिल्ली डंडा खेलना, शोर मचाना, किसी चीज में कोई पाबंदी नहीं थी अगर वो शिष्टता के दायरे में हो। वो दायरा अवश्य वो तय करती थीं। जैसे शाम को बत्ती जलने के पहले घर वापस आना। हाँ, एक चीज थी। समाज की फ़िक्र थी उन्हें। और ये बात अक्सर मुझे बिंध जाती। लोगों की बातों पर इतना क्यूँ ध्यान देना?

वक़्त बीतता गया। हमने शहर से बाहर जा कर पढ़ाई की। उनकी दी गई शिक्षा और संस्कार से प्रभावित हो कई और घरों में बेटियों के स्तर में काफी सुधार आया। उन्होंने कई माताओं, बहनों को सशक्त किया। बरसों बाद एक दिन मैंने

उनसे पूछा,

"माँ आपको प्रोफेसर का पोस्ट दे रहे थे वो लोग। नया कॉलेज था। आप कितना आगे जा सकती थीं। फिर आपने क्यूँ नहीं नौकरी की?"

वे मौन रही। मैं जानती थी उनका मौन उनकी कमजोरी नहीं गरिमा की परिचायक थी। मैंने फिर पूछा। इस बार जवाब मेरे पापा ने दिया,

"बड़े बुजुर्गों ने मना किया और मैं भी उनकी बात नहीं काट सका। वो जमाना अलग था, बेटी।"

"पर माँ एक सशक्त महिला हैं। उन्होंने हम सबकी समाज से अलग चल कर परवरिश की है। बेटा-बेटी का कभी कोई भेद भाव ना आपने रखा ना माँ ने। फिर अपने समय में वो कैसे समय का रुख ना मोड़ सकीं?"

पापा निरुत्तर। माँ मानो किसी दूर देश से स्वयं को समेट वर्तमान में ला रही हों।

"बेटी, आजाद भारत में पैदा हुई थी। पर आजादी का मतलब स्वछंदता नहीं त्याग देखा और सीखा था हमने। बहुत नाजुक होती हैं पारिवारिक कड़ियां। या तो मैं बगावत कर खुद की जिंदगी संवारती या फिर थोड़ा त्याग और प्रयास अतिरेक कर एक पूरी पीढ़ी संभालती। तुम्हारे पापा ने बहुत साथ दिया तुम लोगों की परवरिश में और समाज के उत्थान हेतु मेरे प्रयासों में। मेरी जिंदगी का एक अहम हिस्सा जो तुम बच्चे हो पूर्णतः आजाद था। तुम लोगों की परवरिश मैंने वैसे की जैसा तुमने चाहा और जो वक़्त की ताकीद थी। मैं संतुष्ट हूँ।"

माँ के आँखों में सुकून, पापा के आँखों में अगाध प्रेम और इज्जत, और मेरे नयनों में सावन भादो की झड़ी।

सच, आज़ादी महज एक शब्द नहीं। इसे जीने और आत्मसात करने के लिए जिगर चाहिए।

किंतु जीवन का पर्याय त्याग भी नहीं, ये भी उनसे ही सीखा। और हाँ, शक्ति की उपासिका थीं। दशहरा और दीपावली पर प्रातः पांच बजे उठ कर, शिउली के पुष्प को पूजा के लिए चुनना भी उनसे ही सीखा था। ओस की बूंदों में धुली, यदा कदा दूब में उलझी, शिउली!

"शिउली के फूल" स्त्री जीवन के कुछ उन पलों को जीवंत करती हैं जिन्हें जीते हुए वो स्वयं को परिभाषित करने का प्रयास करती हैं। प्रेम के श्रृंगार रस से अभिभूत वही स्त्री निशा की नीलिमा में प्रेयसी से प्राज्ञी बन दिनकर के पहली किरण के साथ स्वयं को करुणा, रौद्र, वीर तो कभी आश्चर्य रस में डूबो स्वयं को सृष्टि पर न्योछावर कर देती है। कुछ सामयिक, कुछ सामाजिक विषयों पर एक दृष्टिकोण रखती, वो मुकुल जो मात्र अपने सुंदर, सुगंधित पुष्प हेतु नहीं किंतु अपने संपूर्ण अस्तित्व हेतु विशेष है, शिउली के फूल!

—डॉ. लीना झा

कविता क्रम

सामयिक दर्पण, सामाजिक मुकुर

मेरी कविता

हृदय के उद्गार को शब्द दे दें, तो कविता
छलकते आँसुओं को स्वर दे दें, तो कविता

अक्षरों के समन्वय से बनते है शब्द सिंधु
उनको पंक्तिबद्ध कर भाव भर दें, तो कविता

मात्राओं के लय में बंध, ओज देती है कविता
तो कभी मुक्तक की रागिनी छंद बद्ध कविता

नव रस की स्वामिनी, गीतों की चन्द्रकला
दृश्य हो या श्रव्य सर्ग, जो चित्त प्रिय वो ही कविता

अवसाद से अवसान तक की पीड़ है मेरी कविता
स्वयं अभिव्यक्ति की डेहरी मेरी कविता

मेरे तुम्हारे मध्य की स्निग्ध सेतु सतत्
मुक्त हृदय की साधना, प्रार्थना, मेरी कविता।

दुल्हन की माँ

शुभ्र श्वेत पर
लाल पार की खूबसूरत
कांजीवरम साड़ी में सजी
चेहरे पर मान रूपी हर्ष
साड़ी पर कसीदा किए
जड़ी-सी चमकते।

एक मुस्कुराहट जो किंचित
कुछ खोई सी
किसी अपनी ही मस्ती में
डूबी सी, इतरायी सी
बेफिक्री से
मचल रही थी।

मुहूर्त निकल जाएगा
देर क्यूँ हो रहीं है
शोर चारों तरफ है
अफरा तफरी मची है
पर आज सारा सुकून

इस माँ के चेहरे पर है।
बेटी की बेचैनी

बेटे का उतावलापन
पति की व्यावहारिकता
रिश्तेदारों की ठिठोली के परे
आज मानो वह फिर से
वो क्षण जी रही

उसने भी कभी
अपनी डयोढ़ी पार कर
एक नई रंगोली डाली थी
पर आज
कोई उधेड़बुन,
कोई जद्दोजहद नहीं

आज वो जानती है
बेटी पराई नहीं हो रही
उसे एक नया आयाम
मुकम्मल हो रहा है
सदियों की कोशिश
आज रंग ला रही है

सुनयना आज मुस्कुराकर
जानकी ब्याह दे रही है।

मेरी माँ

मेरी माँ
हाथों से यूँ फिसल गई
मानो सूखी रेत
साड़ी के आँचल में
कुर्ते के दामन में
दृगंब के गुहार में
कितना समेटना चाहा
पर पलकें जो मुंदी
तो फिर नहीं खुली

मूंदी पलकें...

कब देखा था उन्हें मुंदे हुए
हर वक़्त उन्हें कुछ
खुली ही देखा था
सोते में भी
मानो अधखुली आँखों में
कोई स्वप्न सजा रखा हो
कोई मंजिल जो अभी
तय करना बाकी है

खुली आँखें
खुली आँखों में तो जाने
कौन-सा भंवर था
गर देख लिया तो
डूबते चले जाओगे
उन गहराइयों में
क्या सोचती थी
क्या चाहती थी
क्या कहती थी वो आँखें

मालूम नहीं

पर हिम्मत देती थी वो आँखें
उनकी खामोशी में दर्प था
नमी में स्वाभिमान था
जब मुस्कुराती तो नूरजहाँ
खिलखिलाती तो गुलिस्तां
उनकी आँखों में जहाँ बसता था
आनन, जिजीविषा
स्थितप्रज्ञ, विदुषी, मीना

मेरी माँ!

प्रस्तावना

कौन हूँ मैं, क्या इस प्रश्न का
अभिप्राय भी समझती हूँ

मात्र जिज्ञासावश यदा कदा, यत्र, तत्र
भटकती फिरती हूँ

अश्रुओं से, तो कभी विकिर्ण एहसासों से
अपना पता पूछती हूँ

कौन हूँ मैं ? कदाचित् सदियों से ये प्रश्न
मात्र एक प्रश्न चिन्ह था

आज भीतर झाँकती हूँ, तो शुष्क, स्निग्ध सी,
ठहरी हुई हँसी खकसती हुई निकलती है

बेकल–सी संस्कृति बर्फ से म्रियमाण हृदय पर
सनसना कर निकल जाती है

थोथी हँसी, थोथा संवाद, नहीं, ये मैं नहीं
ना ही मेरी संसृति

मैं पारिजात, शुभ्र, सिंदूरी, शेउली
सर्वदा शुचि!

परिचय

ऊषा की उच्छ्वास सी, मदिर चंचल रागिनी मैं
तिमिर मन की चाँदनी, पर्ण पावस प्रीत भी मैं

ताज पीहर की सलोनी, पिता की दृग मान भी मैं
नूपुर की झंकार भी मैं, सहज किलकती साज भी मैं

चल पड़ी हूँ संग तेरे, प्रियतम उर विश्वास रख के
अंजुली भर तंडुल कण दे, समा गई मैं स्वयं तुझमें

हर ऋतु मधुमास सी, नेह स्वर्णिम धूप-सी मैं
ज्येष्ठ की तपिश में भी, आराधना की साधना मैं

सौंपा है सर्वस्व पर पराकाष्ठा विश्वास की मैं
हिय में अंगीकार करना, प्रबुद्ध शुद्ध श्रृंगार भी मैं।

अलि रे, ये कैसो अलख जगाए!

अलि रे,
ये कैसो अलख जगाए!
रस रागिनी बरस बरस
मोहे अंग भिगोए जाए

घनन घनन आनन मेघाछन्न
दिनकर लगी ना बुझाए
चन्द्र छिटक कर चरुलता के
आँचल ओट अलसाए

पद्म परिणीता प्रणय पाश सम
प्रथम प्रमाद हिय धाय
भीगी भीगी रुत मतवाली
अंग मोहे अकुलाय

यौवन का उन्माद अलि रे
अपलक पंथ निहारू
तड़ित झंझ की तुमुलाग्नि
मोहे अंग बधित हुए जाए

सिक्त, स्निग्ध, सरस वसुधा
विरहाग्नि मोहे जलाए

क्यों मयूख मेघ पतियाए अलि
भय भीति भोली भरमाए।

अब तो आ, बैरी, आलिंगन
मधुकर लो हिय लगाए
मुकुल गर्भ के चपल छलावा
मोरा श्रावण बीतो जाए

होली गीत

आलि री आलि, आयो आली होरी
रंग गुलाल मोसे करे जोराजोरी
भंग बैरी मोरा जी ललचाए
कैसे मनाऊँ होरी, सजना ना आए

पीड़ हिया की केहू तो जाने
होरी है आलि, मन भीगा जाए
आलि री आलि, मुझे काहे तड़पाए
कैसे मनाऊँ होरी, सजना ना आए

हाय संभालू कैसे आली चुनरिया
बैरन हुई सब सखियाँ सहेलियां
अब के साजन मैं याद में तेरी
खेलूँगी होरी जैसे बचपन में गोरी

आली अंगिया, आली चुनरिया
पिचकारी भर छेड़े बटोहिया
आलि संग होली मन भरमाए
याद बाबुल की नेह जगाए

अब की बरस मैं खेलूँगी होली
धानी चुनरिया में ममता सजाए
होरी के अंखियाँ में आँसूअन की धारा
कैसे मनाऊँ होरी, सजना ना आए

आलि री आलि, होरी आली
धानी चुनरिया में प्रीत की लाली
अब की बरस मैं खेलूँगी होली
धानी चुनरिया में ममता सजाए

स्मृति पुष्प

कल जिस आंगन की मिट्टी में
मैं कनक किलोले भरती थी
आज उस आंगन की मिट्टी में
मैं उनकी आहट जोहती हूँ

अम्बिया के जिस पेड़ तले
मैं कच्ची अम्बिया बिछती थी
आज उस अम्बिया के पेड़ तले
मैं वही कलेवा तकती हूँ

कल जिन राहों को तकते तकते
ये नयन मेरे थक जाते थे
आज उन राहों को तकते
ये नयन मेरे पथराए रे

कल जिस तुलसी के इर्द गिर्द
मैं गोल गोल इतराती थी
आज दीप जला उसकी लौ में
मैं स्नेह की सुर्खी ढूँढती हूँ

कल जिनकी उंगली थाम थाम
मैंने डग भरना सीखा था
कल जिनके कर्मठ रोब तले

मैंने दम भरना सीखा था
हर डगर डगर, हर चिंतन में
जो ज्ञान की डली खिलाते थे
जो सहज कभी तमस भाव से
जग के रंग सिखाते थे

आज उस आंगन की बेटी मैं,
तकती हूं हर इक कोने को

न मां की निर्मल गोद सहज,
न पिता की पुलकित वाणी है
मैं जिस आंगन की बेटी हूं
वो आंगन लगे पराई रे

कल जिस अम्बिया के पेड़ तले
मैं कच्ची अम्बिया बिछती थी
आज उस अम्बिया के पेड़ तले
दे दी उन्हें विदाई है

शत शत नमन, मेरे वंदन,
न दिल टूटा न श्वास रुकी
एहसासों के झंझावात में
बस एहसासें ही शेष हुए

शत् शत् नमन मेरे वंदन,
ये खनक तुम्हारे आंगन की
सींचे आंगन का हर कोना,
आंखों के कोरे स्याही से

शत् शत् नमन, शत् शत् नमन,
शत् शत् नमन, मेरे वंदन
शत् शत् नमन, शत् शत् नमन,
शत् शत् नमन, वंदन वंदन,।।

प्रकृति और पुरुष

पुरुष कब प्रकृति से पृथक था
प्रकृति कब पुरुष से पृथक थी

जब पृथक थे तब संसार कब था
प्रलय था, हाहाकार था, प्राण कब था

सींच रुधिर से, अपने शोणित के कण से
कई प्रसून खिलाए प्रकृति ने तम सह के

पुरुष थामे था उसे नव प्रसंग बन के
हर मोड़ पर प्रकृति संग पुरुष ही था

सृष्टि को आधार देती प्रकृति
चेतना का स्वर कदाचित् पुरुष का था

वो आधार क्या पनपे जो अवचेतन हो
स्वर भी तो रह जाता व्यर्थ व्यवहार बनके

प्रकृति और पुरुष का संवाद ही तो
खिल उठा है आज संसार बन के!

जब भींगी मंद बयार चली

आई वर्षा ऋतु प्यारी
तेरा शुभागमन सुन प्रफुल्लित
पत्र पल्लव पुष्प कली क्यारी
नभ में बदरी देख विहंस्ती प्रकृति सारी
स्वयं स्वयंभू अवतरित हुए
छटा देख घटा की न्यारी

सूरज की तीखी किरणों से उद्विग्न मही
अकुल व्याकुल से निष्प्राण हर प्राण अभी
उठ बैठे जब तूने गर्जन और हुंकार भरी
टिप टिप टप टप टिप टिप
स्वर की वो तान छिड़ी
तब नवजीवन का अद्भुत संचार हुआ
प्रकृति ने हरियाली की चादर ओढ़ी

कहीं मयूर नृत्य
कहीं खग विहग करते कलरव
झर झर निर्झर झर सर सरिता का स्वर
अहलादित जन जन
हाय अंततः अंत प्रवास हुआ
मेघों के गर्जन तर्जन से एक आस बंधी
जब हौले हौले भींगी मंद बयार चली।

त्राण

शुभ्र चाँदनी छिटक गई
गहन तिमिर के आँचल में
अम्बर ने हैं खोल दिए पट
देव गंगा के चितवन के

खग, विहग, जड़, चेतन जन
भाव विभोर है इस पल में
क्षण भर को तो त्राण मिला
दिनकर के सुलगते आंगन से

दृग खोल दिवाकर दहक रहे थे
नश्तर-सी चुभती किरणे थी
ना भोर विरल ना सांझ सहज
गोधूलि भी जलता गोला थी

पर्ण रहित तरुवर आहत
नीड़ निःसृत शाखाएँ थी
जलती थी धरती,तृण विहीन
चटकी हो ज्यों बंजर, बधित

अब कूक रही है कोकिल भी
रजनी के आलिंगन में

अभिसार किए यूँ बैठी हो
चंचला हिया की चादर में

बह रही है मदिर बयार
आम्रवन की खुशबू लिए
मानो रुत ने छेड़ दिए हैं
गीत सुरीले यौवन के।।

बहुत थक गई हूँ

बहुत थक गई हूँ थोड़ी देर सोने दो।
आज सूरज को आकाश चढ जाने दो
क्या हुआ कि दूध का पैकेट
बाहर रह जाएगा?
आज चाय नींबू वाली
और पनीर की सब्जी बन जाएगी
शनिवार की पूजा
थोड़ी देर से हो जाएगी

बहुत थक गई हूँ आज सो लेने दो

थोड़ी देर से सही नाश्ता तो मिलेगा
या फिर पास के ढाबे से
पूरी सब्जी ले आएंगे
हाँ कुछ बूंदी भी, और थोड़ी ज्यादा
बरसों बीत गए कुरी लगाते और फिर
अपने हिस्से में से सबको
थोड़ी थोड़ी और देते
आज चैन से बैठ मुझे खा लेने देना

पर अभी बहुत थकी हूँ, कुछ और सोने दो

बाई काम करे ना करे,
प्रेस के कपड़े जाए ना जाए
कचरे का डब्बा जरूर निकलवा देना,
बदबू आएगी, सो ना पाऊँगी
आज युगों बाद ऐसी नींद आयी है
मानो बचपन फिर लौट आई है
कलियों–सी अठखेलियाँ खेल लेने दो
आज सूरज को मुखर मुख चूम लेने दो

बहुत थक गई हूँ, कुछ और सोने दो
चंद पल ही सही, स्वयं का एहसास होने दो।।

गर थक भी गया मैं

गर थक भी गया मैं, तो कह ना सकूँगा
अरमानों को सीने से लगाए जो रखा है
कुछ तुम्हारे, कुछ अपने,
कुछ अपनों से भी ज्यादा
उनके जिनसे मेरा वजूद हो पूरा
सपनो की वह मंजिल ना जाने कहाँ है
गर थक भी गया तो कह ना सकूँगा

कल की ही बात है, कुछ थक-सा गया था
एक लंबे फासले से पीठ, अकड़-सी गई थी
बस आ कर लेटा ही तो था
कि चाय के प्याले के साथ
उम्मीदों की फेहरिस्त आई थी
स्कूल से लोग पिकनिक पर जा रहें हैं
मसूरी, क्वीन ऑफ हिल्स, हम जा सकते हैं क्या
बस ट्वेंटी थाउजेंड ही तो है?
एक्सचेंज प्रोग्राम में डेनमार्क जाना है
खर्च है, पर एक्सपोजर भी है
स्कूल ने कहा है, 'इफ पैरेंट्स कैन एफोर्ड'
फुलस्टोप. पूर्णविराम।

थकता तो हूँ पर कहूँ तो किससे

लेडीज क्लब की मीटिंग लोनावला जा रही
चलो माँ ने कुछ नहीं कहा, पापा की पेंशन है
पर रामेश्वरम उन्हें अकेले जाने कैसे दूँ
पापा की प्लैटिनम जन्मदिन कैसे ना मनाऊँ
मैं थक कैसे सकता हूँ
कोई बोझ नहीं है, उम्मीदें है, सपने हैं
चाहता हूँ अपने लिए भी जियूँ, जीता भी हूँ
पर मर्सिडीज की जगह होंडा ले लेता हूँ
राडो की जगह टाइटन
गाड़ी गंतव्य पर जाती है, घड़ी वक्त बताती है
मैं दोनों हाथों से खुशियाँ लुटाता हूँ
कोशिश तो करता हूँ, थक कर भी थकता नहीं हूँ

क्योंकि मैं थक नहीं सकता
मैं बेटा हूँ, पति हूँ, बाप हूँ, भाई हूँ
भूल ही जाता हूँ कि मैं मैं भी हूँ
और कभी याद आ जाए तो थोड़ी देर गुमसुम
कुछ सोचता, समझता हूँ, कुछ तन्हा, कुछ असहज
कुछ कसक तो होती है,
फिर खुद ही को झिड़क कर
मुस्कुरा भी देता हूँ क्यूँकि मैं थक नहीं सकता
और कहता भी नहीं हूँ
गर थक भी गया मैं, तो कह ना सकूँगा
ना कल कह सका था, ना आज कह सकूँगा
बस कभी मजबूर दिखूँ, तो समझ भर लेना
क्यूँकि गर थक भी गया मैं, तो कह ना सकूँगा।

भूली बिसरी यादें

भूली बिसरी यादों के, कुछ पन्ने खोल के बैठी हूँ
जो फिसल गए थे हाथों से, उन लम्हों को जीने बैठी हूँ

यादों पर वक्त की परतें हैं, सलवटें भी दुनियादारी की
पर दिल का एक कोना अब भी, चंचल है, थोड़ा बागी भी

दोराहे भरे इस जीवन में पग पग एक चुनौती थी
क्या होता अगर चुना होता वो राह जो हमने छोड़ी थी

कुछ हँसती-सी, कुछ खोई-सी वो यादें मुझसे कहती हैं
ना उलझ समय के सांकल में ये भंवर भ्रम-सी गहरी है

उन यादों के ताने बुन ले जो आज भी तेरी आली हैं
गर गहरी पैठ गई कोई याद तो याद नहीं वो ख्वाहिश है

मन का कोई कोना रीता था, मिट्टी की खुशबू आई है
कुछ अधूरी ख्वाबों के साए ने दस्तक दे दी है

भूली बिसरी यादों के कुछ पन्ने खोल के बैठी थी
ख्वाबों में ऐसी उलझी कि ये पल भी लगे पराई रे।

जो फिसल गए थे हाथों से मेरे कब अपने होने थे
पर फिर भी दिल बेगैरत कहता एक बार तो चलते उस रस्ते

गर चल भी देते उस रस्ते तो ये रस्ते फिर यादें थी
यादों की भीनी खुशबू को बस पन्नों में रह जाने दो

भूली बिसरी यादों के कुछ पन्ने खोल के बैठी हूँ
जो हासिल है वो अपना है ये सोच सहज मुसकाई हूँ

श्वेत पन्ना

आप बीती, आपके लिए

आज कुछ शक्लों को पढ़ा मैंने
पेशानी पर अनिश्चितता की तल्ख रेखाएँ
साफ झलक रही थीं
उलझे हुए बालों से गुजरती उंगलियां
और कुछ आँखों की लालिमा
निशि के दबे पांव गुजरने की दास्तां
बयान कर रही थी
व्यक्तिगत संगणक के माध्यम से
परीक्षार्थी परीक्षा दे रहे थे
पहली बार
दाव पर लगा था भौतिक भविष्य
मैम, गूगल फॉर्म चला गया
बस श्वेत पन्ना समक्ष है।
स्वर में कातरता, दहशत

मैंने गलती से फॉर्म सब्मिट कर दिया।
पेशानी पर रेखाएँ नहीं

ग्रीष्म ऋतु की सूखी पयस्विनी

गहराती जा रही थी
मेरा सही से सब्मिट हो गया
विरोधाभास का ज्वलंत उदाहरण!
कहीं राहत तो कहीं बेबसी
ज़ूम ना हो, रंगभूमि जीवन की
किसी के दुख का पारावार नहीं
तो किसी की खुशी का
सहज रहें, ध्यान से लिखें
अंतरजाल अर्थात् इंटरनेट गया
कोई बात नहीं
फॉर्म फिर संग्रहित होगा
वक़्त दिया जाएगा
मुस्कुराकर प्राध्यापिका ने
आश्वासन दिया
अब कोई रंगभूमि नहीं
बस उच्छवासो की हरकत
कृतज्ञता का लहराता समंदर
अब पेशानियों पे लरजते
हर्ष का पारावार ना था।

इंदु

धरणी धीरज धर अभी
पल भर ठहर जा यामिनी
ओ व्यग्र संदिली पवन
ओ अतृप्त शम अग्नि

कुछ पल और निहार लूँ
पूर्ण इंदु की मनोहर छवि

शुभ्र चाँदनी हतप्रभ है
यूँ शांत कैसे चन्द्रमा
तारिकाएँ भी धूमिल पड़ी
अमलेंदु की अनुपमा प्रभा

छन कर बरसती है किरण
हर ओस अमिय धार है

ये कैसा इंदु प्रकाश है
अलौकिक, अनुपम छटा
विमलेंदु की अभिसरिका
क्या शरद का ये चाँद है

धरा कर रही श्रृंगार है
ये शरद का ही चाँद है।

मैं योषिता

मैं योषिता,
विभु की
अनुपम कृति!
कई बार टूटी,
कई बार बिखरी,
गिरी, संभली, उठी
द्रिगंब में डूबी, तैरी
कर्द पैठी, कंज-सी खिली
अस्मत, अस्तित्व के मकड़ जाल
फंसती, फड़फड़ाती, दम तोड़ती
तिरिया चरित्र का अवगुंठन
तीर-सा सरकाय, लपकी!
तितर बितर मकड़ जाल
कंचन तन बदहाल
अट्टहास करे काल
तिरिया चरित्र
उध्दृत, समृद्ध!
रमणी, रम्या
रुद्रकाली
एक गात
भयो
आज!

बावरी भई बावड़ी

बावड़ी पर बाट जोहे
बैठ पिया की बावरी
चश्म चक्षु से सिक्त कर दे
बावड़ी पिया बावरी

अनल भीत हिया में जलाए
तप्त कुंड पिया बावरी
किस पथिक के पथ बुहारे
विरहनी पिया बावरी

विहग वरद सम प्रीति राखे
क्षण क्षण अकुलाय बावरी
रजत पुष्प भर सिंदूरी आँचर
नेह पाति भेजे पिया बावरी

फाल्गुन से अब पूस भई गयो
सम विषम सम रात री
अवगुंठन के ओट सिसके
बावड़ी पिया बावरी

बावड़ी पर बाट जोहे
बैठ पिया की बावरी
अब तो आ जाओ बटोही
बावरी भई बावड़ी।

सुनिए सबकी, करिए मन की

सुनिए सबकी, करिए मन की, दुख संताप ना होय
ना उधो को कोसोगे, ना माधो की हाय

जितनी मुंह, उतनी बातें, जिह्वा का ये भाग
बोले तो वो बातुनी, ना बोले तो घाघ

कानो की ये त्रासदी, सबकी सुनते बात
कटु, मृदु, सब आत्मसात, इनकी क्या बिसात

पर कभी जब मन हो चंचल, दिवस ना राह दिखाए
बैरन हो जाए चंदा भी, हीरक पथ भरमाए

गुणी जन, मुनि जन के संगत में, ज्योतिपुंज जल जाए
उनकी सुनके, अपनी तौल के, अपनी लगी सुलझाए

मन का बगुला चंचल कैसे, साधो साधक आज
सबकी सुनके, अपनी करिए, सुखी जीवन का राज़

विलक्षणी तू, जीवन बाहों में भरले।

तूलिका उठा, रंग दे अपनी ख्वाहिशों की दुनिया
भर सांस सुना दे वो ग़ज़ल जो छुप कर अक्सर गाती

दे स्वर उस व्यंजन को जो अब तक रही खिलाती
स्वर व्यंजन को पिरो हार में, लिख दे अपनी थाती

सरगम की तारों को छेड़ वो स्पंदन जगा दे
अब तक रहे जो मौन, विनीत, उनको रौ में ला दे

गरिमा तभी है जीने में, जब साथ साथ सब खिलते
बगिया में कई फूल, हर फूल की खुशबू मादक

थाम ले बढ़कर वो स्वप्न जो रही देखती अबतक
सबकी सुनके अपने मन की, दीप प्रज्वलित करले

विलक्षणी तू, जीवन बाहों में भर ले!

तिल वहभि

राजा जनक और पुत्री सीता!
''तिल वहभि''
पहली बार नहीं समझी
जब समझी तो हर साल
इंतज़ार करती इन शब्दों का
कहते है आज भी
बेटियाँ पराई होती है
हर साल इस दिन पहला कॉल
मुझे आता पापा का
''तिल वहभि''
और मैं हँस कर कहती
''हाँ वहबै''
कहते हैं, माँ अगर शिक्षित हो
तो कुनबा शिक्षित है
पापा को तो उनके
पापा ने पाला था
दादी बचपन ही
रुखसत हो चली थी
मकर संक्रान्ति मात्र त्योहार नहीं
उद्बोधन है, संबोधन है
सहर्ष रिश्तों को निभाने का
तिल-सा

अंतर्नाद

जलकुंभ से भरे पोखर में
लो कर आईं मां की अंतिम विदाई
हां, पांचवी बरसी, पूजा संपन्न हुआ
ब्राह्मण भोज चल रहा, गांव जीम रहा है
उनके तुलसी चौरा में दीपक टिम टिमा रहा है
बहुरानी ने बड़े प्यार से सांझ दी है
अंधेरे, सूने मन में मानो रोशनी की लकीर
दिल ने कहा तुलसी को भींच लूं
कम से कम स्नेह का एक हाथ
उन पत्तियों पर लहरा
कुछ रोक लूं।
क्या ? मालूम नहीं।

मैं जड़, बैठी रही, अंबिया के उस पेड़ तले
जहां घंटों बतियाती थी उनसे
उनके साथ गांव के मंदिर पर नंगे पांव जाना
चप्पल पहन लो, कुछ चुभ जायेगा।
आपको नहीं चुभेगा ? और उनका मुस्कुराना
थोड़ी काई होगी इनार पर, संभाल कर।
वो पक्के ईनार पर लोहे के सिक्कड़ से बंधी
डोल से जल निकालना
कनेल, गुढ़हल, अपराजिता के फूल तोड़ना

वो सिर पे आंचल, सीधी पल्ले की साड़ी
उनका शहर से गांव तक का सफर
तय हो गया, होता ही गया

जिंदगी के दोनों आयाम को जिया उन्होंने
मुंबई, दिल्ली, पटना में विदुषी,
गांव में बुझनुक, अन्नपूर्णा
और मैं मंदिर के चौबारे खड़ी हो
तुलसी को जल चढ़ा कर सूर्य देव को अर्घ देती
आडंबर विहीन इस मूर्ति में मां तलाशती
मंदिर से निकलती कोई देवी ही प्रतीत होती वो
उनकी पतली मुस्कुराहट मानो हर झुर्री,
हर शिकन मिटा जाती
शक्ल पारदर्शी शीशे की तरह दमकता
वो लोटा, वो पीतल की फुलडाली
जिसमें अगरबत्ती और माचिस भी होती

मैं हर कोने में उनका अस्तित्व तकती हूं
शैनः शैनः एक नई व्यवस्था पनप रही है
एक पीढ़ी गई, दूसरी पीढ़ी भार संभाल रही है
वही घर, वही बारह इंची की दीवार
किंतु पछिया हवा की सिक्त बयार के साथ
ए–सी की ठंडी हवा भी आ रहीं है
मैं हर कोने में उनका अस्तित्व तक रही हूं
वट सावित्री केलिए बोनसाई बड़
चिड़िया चुनमुन केलिए छाछी में जल
पक्के आंगन में बेली के फूल
मिट्टी के दलान पर छजा मचान
और उसमें गूंजता उनके भजन का स्वर

वह मोटे चाभियों का गुच्छा
कुछ पीला, गोदरेज वाला तो कुछ स्याह, लिंक

लोहे के मजबूत छल्ले से निकल
इतर रहा है एक रंगीन लिबास में
नए हाथों की उंगलियों का एहसास,
कुछ नौसिखिया, कुछ खास
नई छाप छोड़ने को आतुर
पर कहीं पुराने आत्मीयता को रिसता
चाभियों का गुच्छा, जानता है, वक्त बदल रहा है
मेरे साथ वो भी हर ताले में उन्हें ढूंढता
स्वयं को कुछ अंदर समेटता बह रहा है
प्रवाह में...।

कैमरा

अनवरत खिंचती तस्वीरों में
परिहास बनकर रह गई है जिंदगी
इस भागती हुई जिंदगी में
किंचित विराम ले लें

आँखों को बंद कर के,
आँखों के कैमरे में संचित
अनगिनत तस्वीरों का
एक बार जायजा ले लें

क्या पता धड़ाधड़ खिंचती तस्वीरों में
एक भी यूँ इंगित ना हो
जो उभर कर सामने आ सके
सुकून दे सके

आँख बंद कर देखें तो
कि यादों का अजगर है
या मंथर गति से बहती कोई नदी
या आद्रियों के बीच का शुष्क दर्रा

आँखें बंद हैं ना
तस्वीरें जगी क्या
शायद भागते ही रह गए
तस्वीरें खींचते रह गए

उन क्षणों को जिया कहाँ
कि कुछ याद भी रहता
हाँ, कुछ दिखता तो है
असित, स्याह-सा

बंद पलकों में भी
साफ दिखता है दर्द
जिया जो था उसे
ना कैमरा, ना सेल्फी,

फिर भी बरसों बाद
उतना ही साफ अक्स
जितना दर्द समेटे बैठी हूँ
यादों के दुपट्टे में गाँठ की तरह

हाँ कुछ तस्वीरें
चैन और सुकून की भी है
कम है
हम नेमते सहेजते कब हैं

आँखे बंद है ना
बंद आँखों के पर्दे पर
जो तस्वीरें आयी हैं,
कम ही है, मैं जानती हूँ,

पर वहीं जिंदगी की
अबतक की पूंजी है
कैमरे में कैद
कोई फॉर्मेटिंग नहीं,

डिलीट भी नहीं
सर्वर में सदा केलिए बंद
कैमरे की वो तस्वीरें
मीठी, तीखी, कसैली, रसीली

एक बार आँख बंद कर
देख तो लें ना
शायद फिर तस्वीरों को नहीं
क्षणों को जीने लगे

शायद फिर
जिंदगी परिहास नहीं
जीवंत तस्वीरों का
नर्म एहसास बन सके।

हाँ, के कुक्की ?

तीन बरस या फागुन तीन, श्वासों के तारों को गिन
हिय गवाक्ष से आँकू मैं, मौन पड़ते शैशव के दिन

क्या ढूँढू परित्राण, सुधि किसलय में ढूँढू क्या पराग
जब हिय गवाक्ष से झाँकू तो, दिखता लहराता निज संताप

वो जनक जिनके दृग दीप तले, लक्ष्यार्थ थी मेरी संसृति
विलीन हो गया सूर्य वो, मैं सुता तमिस्त्रा की धृति

किससे क्या परित्राण, सुधि, तीन बरस, घड़ियाँ अनगिन
शैशव विलीन अनंत में जब उऋण जन हो पितृ ऋण

तीन बरस या फागुन तीन, श्वासों के तारों को गिन
हिय गवाक्ष से झाँकू मैं, मौन पड़े शैशव के दिन

नयनन संताप सतत, मैं बांधूं अंसुअन की धारा
उर उटज में कहीं कुलांचे भरती निर्मल-सी काया

द्यौ की द्योतक दामिनी, लांघ तिमिर का अदम्य तीर
उर उटज के उष्णता में, उजलाती एक लौ, धीर

क्रंदन नव शैशव का, विहंसती चहुँ ओर है माया

एक ओर किलकता निश्चल जल, इस ओर जनक, तेरी प्रतिछाया

शत शत नमन मेरे वंदन, मैं नित ढूँढू तेरा अवलंब
उर उटज के जड़ गवाक्ष से, आज भी ढूँढू स्नेहिल मन

ना उटज, ना प्रासाद विशाल, गीत उसी गेह गुंजित है
मात पितु का अर्श और शैशव मंडित धरित्री है

मूँदी पलके, छलकी बूंदे, उर प्रासाद अलौकित तेरी सुध से
शत शत नमन, मेरे वंदन, तुम जनक, मैं जानकी तुमसे।।

द्रुम की अभिलाषा

इंच दर इंच पट रही धरा
लोभ लोलुपता के प्लस्तर में
कल सांझ ही देखा था मैंने
नीम तने को रस रस रिसते

सिक्त थी, उजड़ी, उमेठी-सी
कुल्हाड़ी के छाले थे
पड़ी भूमि शाखाएँ थीं
जो कभी पवन इतराती थीं

नग्न, पत्र विहीन धड़ घायल
ढूँढ रहा कोई संबल था
छत्र गगन को चूम रहा था
जड़े भयातुर, आकुल थीं

ओ मूढ़! दरख़्त सशक्त तब तक
गर्त व्यास में सानी रे
रुग्ण नसों-सी उकेड़ी,
अवृद्ध, अपुष्ट जड़ सकते में

नीड़ निःसृत, पर्ण परित्यक्ता
क्या दे पाऊँगा जीवन मैं
हर अंग मेरा तुझको अर्पण
कर दिया मेरा ही तर्पण रे!

जो समीर के झोंको संग
पेंग पेंग झर झर हँसता
भीषण झंझावातों में भी
खग विहगों को संजोता

आज तनिक से चक्रवात में
लोट रहा है भूमि पर
रे मूढ़! ये उसका अंत नहीं
इक प्रश्नचिन्ह है तेरे जीवन पर

चल फिर रचते हैं विश्व नया
जहाँ तुम से मैं और मुझसे तुम
जहाँ चहचहाहट चिड़ियों की
और भौरों की हो गुन गुन गुन

मेघाच्छादित वितान हो,
अमृत–सी बूंदे बरसें
गिरि आह्लादित हो जब जब
सुर सरिता की सरगम किसलय

लुप्त कांतार संग क्षीण हो रही
तेरी अपनी कांति रे
द्रुम नीम हो या हो पांकड़
तेरा साख्य और साखी भी

इंच दर इंच पकती धरा को
अब श्वासों का संबल दो
घटते बढ़ते इन अंचल में
तेरे पल पल की कीमत रे

इंच दर इंच पट रही धरा
लोभ लोलुपता के प्लस्तर में
कल सांझ ही देखा था मैंने
नीम तना रस रस रिसते ।।

प्रांगण

जिस प्रांगण में कभी सखे, नन्हें पग दौड़ा करते थे
जिस प्रांगण में बच्चों की किलकारी गूँजा करती थी
जिस प्रांगण में भोर सांझ कोहराम मचा हुआ रहता था
उस प्रांगण में आज सखे ये कैसी नीरव शांति रे

चटक बालियाँ भुट्टे की या गेहूँ की हरियाली रे
ढूँढ रहे हर खुशबू में इस प्रांगण की लाली रे
नीम आज भी बांह पसारे, हवा से बातें करती है
कब आएंगे वो छौने जो लेते थे बलैयाँ रे

आंगन बना चबूतरा, कंक्रीट सभी, नर्म मिट्टी कहां
फिर भी क्यारी की खुशबू में बची है कुछ सच्चाई रे
आज भी दीपों की माला सजती है छत की मुंडेरों पे
आज भी थाल में सजती है पकवानों की रंगोली रे

पर होंठ मोम से हँसते हैं, दृग द्वीप–ज्योति में जलते हैं
कर्ण प्रिय उस आहट की आस अभी भी दिल को है
इस प्रांगण की ज्योति हो या द्वीप सलोना आंगन का
जहाँ रहो जगमग कर दो,नभ तम हर लो अमावस का

उस चकमक की आभा में ये प्रांगण भी चमकेगा
पर उर की ऊसरता को क्या पूनम क्या अमावस रे
प्रांगण का प्रमोद सखे है कोलाहल, खनक, मंगल गायन
जिस क्षण गूँजे स्वर स्वजन से उस क्षण प्रांगण अलौकिक रे।

बदलाव

माँ, तुम कुछ कहो
तुम चुप क्यों रह जाती हो
कुछ बोलो तो

और बोलो तो यूँ बोलो कि सामने वाला
तुम्हारी कसक, तुम्हारी परेशानी
तुम्हारी पेशानी पर
दिनों दिन गहराते लकीरों की
बेबसी समझ सके
उसमें छुपे रोष, बेचैनी समझ सके

बोलती हो जब तो मानो
सफाई पेश कर रही हो
किस बात की सफाई माँ
तुम सिर्फ कहो
अपने आँसुओं से नहीं
अपने आत्म विश्वास से

आज दिल नहीं है काम करने का
तो मत करो ना
कौन-सा पहाड़ टूट जाएगा

हमेशा तो तुम्हें काम ही करते देखा है
ट्वेंटी फोर ओ सेवन, चौबीसों घंटे।
हमारे स्कूल कॉलेज की छुट्टी होती है
पापा का दफ्तर फाइव डेज ए वीक है

पर तुम सातों दिन, हर हफ्ते,
महीने साल, दर साल
याद करो कब छुट्टी ली थी तुमने
अपने लिए
ली थी ना जब बीमार पड़ी थी
वो 102 /103 /4 वाला बुखार नहीं
उसमें तो बस आप थोड़ा आहिस्ता काम करती थी,
क्यूँकि आपका बुखार तो आता जाता रहता है
कोई दूर का रिश्तेदार है

हाँ, बीमार, वो अच्छी वाली बीमार कि
डॉक्टर ने एक महीने का आराम कहा था
भगवान को ही दया आ गई थी
हाँ, मुझे याद है आप तब भी नही रुकी थीं
कैसे रुकती, खुद से ज्यादा
घर की चिंता थी आपको

पर माँ, फिर आप उदास क्यूँ
ये बुझी-सी शक्ल
जो कहीं बाहर जाने के पहले
फाउंडेशन से चमक जाती है
वो हँसी जो मानो आपने
किसी से उधार में ले ली हो
एक कीमती-सी साड़ी, कुछ गहने
देखा है मैंने आपको हौले से मुस्कुराते
मानो मुस्कुराना भी एक काम हो

माँ कुछ कहा करो
लोगों से मिलो तो खुल के मिलो
उनसे मिलो
जो आपको समझें
आपकी हौसला आफजाई करें
कुछ वो कहें, कुछ आप कहो, सुनो

ठिठोली करो, हँसो हँसाओ,
कुछ खड़ी खोटी भी सुनाओ
बस थोड़ी-सी

क्या पता क्या बीत रही हो उस पर, तुम पर
और फिर कुछ ऐसा कह डालो
कि उसका दिन बन जाए

माँ, कुछ कहो
अपनी बात रख दो, कह डालो
माँ, कुछ कहा करो
आपकी आँखो को फिर से
वो चमक दे दो
अपने ख्वाबों को पंख दे दो
माँ, कुछ कहो

सामयिक दर्पण, सामाजिक मुकुर

रण कुंवर

शंख नाद हो चुका है
दूर सुदूर पूर्व में
गेरुआ हो चले हैं
श्वेताम्बर हिमराज भी

रवि किरणों से सुसज्जित
रथ निकल चुका अस्तबल को
कुमुद्नी की पंखुड़ी भी
सिमट रही निशि पाश में

पर देख निशि आलिंगन त्याग
ये कौन जा रहा आग्नेय
इस कड़कती सर्द में भी
नाप रहा अंबर क्षिती

है कौन जिसने पाट दिए
समुद्र के तुरंग को
पग पद्म से पड़ रहे
मंथर गति बयार की

साए से बढ़ते वीर कुवंर
पंक्तिबद्ध तो कभी छद्म वेश
प्रेम जिनका अपना वतन
धर्म जिनका स्वतंत्र देश
ये हिंद के रण कुंवर!

वो सहर कभी तो आएगी

हम देखेंगे,
लाजमी है हम भी देखेंगे
बर्फानी हवा से लड़ते हुए,
जो वीर शहादत पाते है
तिरंगे में लिपटे शव उनके
जब हमसे रुककर पूछेंगे
हम लड़े थे किसकी खातिर बता,
किसकी खातिर हम मरते हैं
जब अपनी मिट्टी के जये,
जय सरहद पार की करते हैं

किस कौम की बात वो करते है,
किस जुल्म, जो ना कभी जाना हो
मौलिक अधिकार! सुना हमने,
हम...सांस...भी...थम...कर...लेते...हैं
ए सरहद पर आ कर देखो,
हम कैसे गिरते कटते है
ना कौम की बात करो तुम तो,
ना जुल्म सितम के नग्मे बुनो
कौमी, बागी, दम भर लो अब
ये फौजी मारे जाते हैं

सत्तर वर्षों से मरते थे,

फौजी हैं, धर्म है इनका यही
पर देश में ही जब टुकड़े हो
तो क्या कर लेगी शहादत री
क्यों कर इस मिट्टी में कोई
बागी रंग मिलाते हो
कुछ क्षण तो अब
दम भर लो
धर्म और मजहब घर में रख
स्वदेश की जय कर लो

''जब खुल्क ए खुदा के तसव्वुर में
अहल ए वफा इतराएगी''
जब केसरिया लहराएगा,
हरियाली बल खाएगी
जब जुबान न टुकड़े बोलेंगे,
जब नज़्म वतन हित गाएंगे
जब गद्दारों की गोली से,
कोई सीना ना कभी छलनी होगा
जब वतनपरस्ती से बढ़कर,
दूजा ना कोई पूजा होगा
जब एक शहादत अरबों के
मस्तक पर चढ़ कर बोलेगी

लाजमी है हम भी देखेंगे,
हम देखेंगे, हम देखेंगे
वो सहर कभी तो आएगी,
वो सहर कभी तो आएगी।

आकांक्षा

आकांक्षा
जन्म भूमि : मानसपटल
कर्मभूमि : धरातल
आधारभूत : द्वी हस्त
अभिभूत : जन जन समग्र

भाव है पावन पुनीत
होती परिलक्षित
चरित्र में, संवाद में
संवेदनशील हृदय के
अथक प्रयास में
ना दायरा, ना सीमा
बस तमन्ना उनके लिए
जीवन जीवन नहीं
समर है जिनके लिए
जिंदगी बन गई हो
एक प्रश्नचिन्ह ही
नीर अविरल बह रहा
या हलहल कंठ में
या फिर पथरा गए हो नयन ही
एक कदम क्या बढ़ चले उनके लिए?

आकांक्षा, आकांक्षा
किन्तु ये आकांक्षा रह जाती कई बार
बन कर मानस पटल पर
एक ध्रुव दीप्यमान
या वो सुदूर प्रकाशपुंज
जिसका ना कोई वाह्य अस्तित्व
ना कोई सबल, साक्षात प्रमाण
जिससे स्वयं तो आलोकित
किन्तु अंततः आभास मात्र
पंच तत्व में विलीन
अनजानी, अनदेखी
अनबोली, अनकही
किसी के जेहन में रहती, ना रहती
इस सफल अनुभूति का
एक अगढ़ अंत किसलिए ?

आओ अपने भावों को
एक मंच दें
अपनी आकांक्षाओं को
एक स्वरूप दें
अकेले ही सही
हम बढ़े तो
हाथ खुद ब खुद बढ़ते जाएंगे
कदम दो से चार, सौ हो जाएंगे
वक्त भावों की अनुभूति,
अभिव्यक्ति का नहीं
आकांक्षाओं की पूर्ति
उनकी अनवृती का है
स्वयं की आहुति
पूर्णाहुति का नहीं
जिंदगी को जिंदगी देने का है

आस्था-एक अटूट विश्वास

आस्था
अंश अंश में
सारांश में
निराकार ब्रह्म के
साकार वंश में
आस्था तुममें, मुझमें
संदर्भ में, संकेत में
भावों के समावेश में
सजल कौतुक नेत्र के
लरजते जलकुंभ में
चातक मन, चंचल तन
स्वयं के परिवेश में

आस्था, जो टूटती है
दर्प और द्वेष से
जी उठती पुनः जो
लेष मात्र प्रेम से
टूटती है, जुड़ती है
जुड़ती है- टूटती
प्रत्येक उन्माद से
कोई गिरह खोलती
हर्ष हो अतिरेक या

विवादों का अवसाद हो
अनजानी राहों में
किसी अजनबी की आस हो

अरमानों की समाहृति में
व्यवधान का अंदेश हो
उल्लासित मन में
कंपित कोई क्लेश हो
क्लेश कालखंड का
खंडित कोई स्वर हो
स्वर अक्षरशः
विधि का विधान हो
कालचक्र में फंसे
किसी बुद्ध का आह्वान हो
कातर क्रंदन और
अबोध कोई बोध हो

कल्प कालांतर से
आस्था ही साध्य है
अवशेष किसी शेष का
उद्गम किसी संगम का
विचारों का, विविधताओं का
आस्थाओं का–
आस्था तुमको मुझमें
मुझको तुममें
आस्था स्वयं में।

आज फिर इंसान बन जाओ

खोल दो दरवाजे दिलों के
दरीचों से झाँकने वालों
आज की हवा कुछ शुष्क है
कुछ सिली, कुछ खुश्क,
कुछ अनजानी-सी है
तुम इस इंतजार में हो
कि कल की सुबह तुम्हारी होगी
पर बहुत कुछ बदल चुका होगा
जीने की मशक्कत तब भी होगी
पर मरने की सही जगह सभी ढूँढेंगे
और जगह ही नहीं वजह भी
कल के सूरज का रंग लाल तो होगा
पर उसके सुर्ख किरणों में टपकते
पसीने की चमक शायद
आम नहीं होगी

जिरह ना करो, समझो
वक़्त के तांडव को
लोगों की अहमियत को
तो क्या कि वो कभी
पैबंद लगे कपड़ों में
खुरदरे, रिसते हाथों और

टूटे तलों की जूती में से
झांकती, बिवाई पड़ी एड़ी में
परिवर्तन के पहिए को खींचते हैं
गर रुक गया पहिया
तो ऊँची अट्टालिकाओं औ
गगन चुंबी इमारतों में
आशियाँ बनाने वालों
फर्क तुम्हें भी पड़ेगा
और ज्यादा पड़ेगा

उनकी तो जिंदगी आज भी
जौ की रोटी, रस्ते लगी मिर्च
और नमक की ढेली संग गुजरती है
कल भी गुजर जाएगी
दो फांके की जगह एक में भी
पेट की अंतरियाँ रम जाएंगी
पर मखमली चादर केलिए
मलमल कहाँ से लाओगे
रिक्त होती तिजोरियों में
किसके पसीने के मोती भरोगे
आवाम बदल रहा है
तुम भी स्वयं को झंकझोरों
तिजोरियों धरी रह जायेगी
जब आखिरी बुलावा आयेगा
लड़खड़ाते पैरों को आज संबल दो

खोल दो दरवाजे दिलों के
आज फिर इंसान बन जाओ।

मैं श्रमिक हूँ

मैं श्रमिक हूँ
इस शहर का अहम घटक हूँ
मैंने ही तो खड़ा किया है इस शहर को
मेरे समक्ष इसकी एक एक दीवार
एक एक रास्ते, पुल, सब वे,
ऊँची, गगनचुंबी इमारतें बनी है
छोटा था, पोली-सी थीं बाहें
अभी दाढ़ी मूंछ निकली ही तो थी
कि निकल आए थे हम इस रस्ते
रोजगार की तलाश में, घर बार छोड़
इक बेहतर कल का स्वप्न
आँखों में संजोए,

पत्थर तोड़ने से लेकर, सीमेंट घोलने तक
ईंट जोड़ने से लेकर प्लास्टर करने तक
वो लकड़ी के फट्टे पर रस्सी के सहारे
लटकते, पोताई करने तक
गट्टर का कचरा, कारखानों का धुआं
दरख्तो से दरीचों तक का सफर
नल की टोटियों का रहस्य
बड़ी कढ़ाई में कलछी चलाना
बड़े भांडों बर्तनों की सफाई

सूखी अंतड़ियों पर भी
ढाबों में खाना परोसना

जो मिला खा कर
कभी फुटपाथ तो कभी
एक कोठरी में पारी में सो कर
चंद पैसे बचा गांव भेजना

कब हाथों की नसें उखड़ कर
बिखरने लगी पता ही नहीं चला
माँ कहती थी गेहुंआ रंग है
पर तप कर काला सोना हो गया
देखते देखते ये शहर बड़ा हो गया
मेरे सामने ये शहर खड़ा हो गया
एक शहर से दूसरा शहर
बसाते चले गए
हम श्रमिक ही रहे
पीढ़ी दर पीढ़ी
शहर दर शहर

कुछ अपनी मजबूरी
गांव में रोजी ना रोटी
कुछ नए शहर का रोमांच
नए हुनर की तलाश
दाव पे लगा दिया जिंदगी तमाम
आज जब अपने बनाए रस्ते पे
उल्टे पांव घर जा रहा हूँ
ये रस्ते भी अनजाने से लगते हैं
और मैं कुछ हारा सा
कई शहर बसा दिए
मेरा देश संवर गया

मैं आज भी हर जगह प्रवासी
पराया–सा रहा

लौटूंगा शायद कल भी
पर अब वो आस ना होगी
आँखों में सतरंगी सपने
कुछ खास ना होंगी
घटक तो हूँ मैं
पर अपनी मजबूरी का
इस बार कुछ समझदार
शायद मैं भी बनूँगा
ना प्रवासी बनूँगा, ना पराया रहूँगा
व्यवसाय करने आऊँगा, व्यवसाई बनूँगा
व्यवसाई श्रमिक बनकर
एक आवाज़ बनूँगा

किसी ने उफ़ कहा क्या ?

स्वेद कण को पोंछती,
स्वयं में ही सिमटती
तंग गलियों से गुजरती
तन को बचती बचाती
स्त्री की चर्चा करूं क्या ?

नयन मृग छौने सरीखे
व्याकुल, कोई ओट तकते
भींचते, बरबस बरसते
फिर भी अनवरत सपने
किसी ने उफ़ कहा क्या ?

दिवस हो या यामिनी
दामिनी, कामायनी
नेत्र शुष्क कि सजल ह्रद
भाल तिष्ठित स्वेद कण,
कहीं कोई कहकशाँ क्या ?

रही सर्वदा यूँ ही भाषित
कभी टूटती, कभी लयबद्ध
स्वेद-सी कल कल छलक
ढूँढती शीतल वसन
कोई कहे तो क्या ?
किसी ने उफ़ कहा क्या ?

वो कृषक है

आक से तपती धरा को
सींच अपने स्वेद कण से
तुख्म तोषित कर हरे है
क्षुधा जो जन जन समग्र के

दिव्य दिवस की दामिनी
या शुभ्र चाँदनी छटा
हाथ उनके फावड़ा और
माथे पर गमछा छजा

वो कृषक है

इन्द्र कुपित हो जाए तो
पाताल से गंगा निकाले
या अविरल वृष्टि लिपट
कोपलों की गात बांधे

स्वयं भी जुट जाए जो
हल में पशु का संबल बन के
लुट जाए जो तिल तिल
कभी दास कभी सौगात बनके

वो कृषक है

ना हिय अवसाद,
आह्लाद कोई अंतः करण
बस दुआ में अनवरत,
लहलहाते खेत सोनल

धिक्कार उस समाज को
जहाँ महिराज ही श्रीहीन
फिर भी निरंतर सित संजोए
बांचते स्वर्णिम धरोहर

वो कृषक है

कृशकाय, कर्म ही वसन,
कातर क्रंदन, अक्षुण्ण मन
ये कैसा विरोधाभास, हलधर?
भूमिपुत्र, कर शंखनाद

इस संसृति के संपोषक,
संतति ऋणी, तुम ही प्रबाल
हो जाओ स्वरारूढ़ आज;
जो हक़ लड़े स्वाभिमान से

वो कृषक है।

बिहार

बिहार तुम अद्वित्य हो
तुम श्रद्धा और श्रध्ये हो
तुम लताकुंज की
वो सशक्त शाख हो
जिसकी बेल थामे
विश्व प्रगतिशील था
फिर आज क्यूँ दिनकर धरा
विस्मित, विह्ल, मौन हो

बिहार तुम अद्वित्य हो

गंगा, पुनपुन, सोन, गंडक
थे तुम्हें जो सींचते
ये कैसी विडंबना
कि आज वो बैरी हुए
क्यूँ बौद्ध विहार की चेतना
जीवन में ना प्रतिबिंबित हुई
क्यूँ भौतिकता के बिम्ब में
तुम स्वयं को बिसराए गए
बिहार तुम अपूर्व हो
तुम अलौकिक तथ्य
तुम ही शांति पथ हो
फिर चाणक्य की धरती

आज किस कदर उपेक्षित
कसकती होगी आत्मा भी
अशोक, चन्द्रगुप्त की
सिया की नगरी में आज
संशय का संवाद क्यूँ

बिहार तुम अविस्मरणीय हो
और शायद अतुलनीय भी

फिर क्यूँ व्यवस्था को
अव्यवस्था बनने दिया
क्यूँ नहीं पकड़ सके
भेद अवसरवाद का
क्यूँ रहे तुम देखते
निर्निमेष इस ह्रास को
गर लौहखंड जंग खा गया
तो रिक्त धरा, सब दिशाहीन
अपूर्व हो तुम बिहार
सशक्त भी सचेत् भी
तुममें है संपदा
संतति,सौहादर्य भी
तुममें है शौर्य
और तेज अपरिमित भी
शस्य श्यामला धरा
और जानकी की प्रीत भी

बिहार, तुम अद्वित्य हो
फिर अतुलनीय बन जाओ।

मद मरीचिका

पावस की अविरल बूंदे
पर्ण, रेणु रिक्त काया
नेह पाती इंगित करे
जब तक सविता का साया

फिर सलिल के द्रुत वेग से
अंक धरा के पैठ
शाख से गिर कर, साख्य भेद
ले सहस ही देख

निहित अंत है, मद मरीचिका
व्यर्थ रहे इतराए
विटप संसृति, पत्र, डाल घटक
रीत निभाए जाए।

राम और मुहम्मद

अजीब कश्मकश है
कुछ ना बोलो
तो दिल कचोटता है
कुछ बोलो तो आप
सियासत के हिमायती हैं
या सियासत के खिलाफ
मैं सियासती टट्टू नहीं
पर मैं किसी पक्ष की
अंधभक्त भी नहीं

गर सत्तर वर्ष में जो
हम ना हो सके
वो क्या खाक लेकर
कभी हम हो भी सकेंगे
और जो हम हो चुके
उन्हें कोई सियासती चक्र
क्या कभी तोड़ सकेगा
पर आज सियासती पासो
और विपक्षी चालों ने फिर से
अपनी मर्यादाओं को तोड़ा है

अपनी ही फसल को कौन
कच्चे में सेंकता है?

छलक गया है पैमाना
तुम्हारे दर्प और मेरे दर्द का
छलक गया है पैमाना
तुम्हारे वादों और मेरे इंतज़ार का
कल तक बात हम पर थी
हम जी लिए
आज वो हैं गुमराह
जिन्हें इल्म भी नहीं
सियासती दाव पेंचों का
जिन्होंने मुहम्मद और राम
देखा तो है दंगों में
और ढूँढा भी है
मंदिरों मस्जिदों में

उन्हें मिले ना मिले
पर मैंने देखा है वजूद उनका
कक्षा के उन्मुक्त आबोहवा में
कच्ची खिलखिलाती हँसी
पक्की एकाग्रता में
बिरयानी की खुशबू
और माल पुआ से आशिकी में
मैंने देखा है उन्हें
कलमा पढ़ते
और माथे पर तिलक सजाए
मंत्रोच्चारण करते
और मैंने देखा है उन्हें
एक दूसरे को समझते हुए
राम, रहीम, भीम, नाम लेते रहो
हमने देखा है उन्हें
मिल कर सीढ़ियाँ चढ़ते हुए

कहो समाज के ठेकेदारों

नेता, अभिनेता, समाचार प्रसारकों
क्या अब भी ऐतबार करें तुम पर
या एक बार
सिर्फ एक बार
तुम्हारा ही बहिष्कार करें
मत छेड़ो शिक्षा स्थलों को
ज्वारभाटा हैं
बिफर गए
तो संभाल ना पाओगे
ये तेरे मेरे से परे
हम का वो अफसाना हैं

बंद दरवाजे

जर्जर बंद दरवाजे की ओट, कई कहानियाँ बसती हैं
कुछ हँसती तो कुछ रोती, कई सन्नाटों–सी रिसती हैं

ताले की कुंजी हो भी गर, वो हृदय कहाँ से लाओगे
जाले पड़े उन रिश्तों के सीलन में रह भी पाओगे ?

जाने दो, कोई आएगा, इन दरवाजों को निरखेगा
शायद भीतर की सीलन ही, दर्द बन हृदय में उतरेगा

जीवन का एहसास किंचित, उस वेदना से निःसृत हो
उसके सूने मन में कोई दीप शिखा को लेसेगा

जर्जर बंद दरवाजे खुलें, कुछ हवा की आवाजाही हो
जलती बुझती, कंपित लौ, एक आस की थपकी लायेगी

कोई अपना हो, कोई अपने सा, कुछ रंगत तो बदलेगी
बूढ़ी पड़ती इन सांसों को, मंजर की खुशबू आएगी

फिर से कोई मुस्काएगा, फिर से आँखें बरसेंगी
फिर से बंद दरवाजे में नई कहानियाँ पनपेंगी

अस्तित्व

आसान ही था मेरे लिए
स्वदेश छोड़ जाना
कई गए, नई दुनिया बसा ली
कुछ लाख रुपए और
हवाई जहाज की खिड़की पर टंके दो चार,
चलो आँसुओं का अंबार ही सही
पर आसान था देश छोड़ जाना

नहीं गई, देश मेरा था,
इसकी अच्छाइयां, चश्मेबद्दूर
इसकी बुराइयां, कर्म स्थल
देश मेरा था...और कितना खूबसूरत
मैंने एक छोटा-सा आशियाना बना लिया।
खुश भी थी, बेहद खुश
पर मानो कुछ साए हर वक्त साथ ही रहते
पग पग नहीं तो चौराहों पर,
कोई चौराहा थोड़ा लम्बा
तो कोई छोटा
तो कभी सरपट-सी भागती जिंदगी में
अचानक से खड्डा,
और हर बार ये अहसास
सही हो कर भी चुप रहो
फजीहत तो छोटी-सी चीज है

सच होते हुए भी
झूठ का सच बनने का सफर
फटी आँखों बस देखो
देखो, नक्कारखाने में तूती की बोली
और फिर एकांकी सच लेकर
दया, उपहास, यदाकदा
कुछ स्वाभिमानी आँखों से
किंचित साझा दर्द लेकर
अपने चादर में कुछ और सिमट जाओ
पर एक बात नासूर-सी
तब से आज तक
चुभती रही है
हतप्रभ हूँ कि नासूर ने अब तक
देह गलाया क्यूँ नहीं
शायद इसलिए कि नसों में स्पंदन अब नहीं,
धमनियों में रक्त तो है, लाल रंग भी है
पर उनमें संवेदना अब नहीं।
और गर है भी तो स्याह या सफेद

देश मेरा है, मेरा ही है
पर तब भी बुजुर्ग कहते थे
''काम से काम रखो।
शासन से बचो''।
हम आज भी काँप उठते हैं
नेता सामने हो तो राह बदलते हैं
पुलिस मुहल्ले में आ जाए तो
दरीचों से झाँकते हैं
आखिर क्यों
देश मेरा है,शासन तंत्र मेरे लिए है

फौज को देख मुर्दों में भी जान आ जाए
प्रशासनिक तंत्र में उलझ जीते जी मरते हैं
इसलिए नहीं कि हम गलत हैं

पर इसलिए कि कहीं हम
किसी साजिश के प्यादे न बन जाएँ
किसी के तमगे की खलिश
मुझसे हो कर न गुजरे
नहीं, ये मेरा देश नहीं जहाँ
दशक दर दशक, धुंध गहराता ही गया हैं
हम स्वयं को समेटते बौने हो गए हैं
अब तो अपना अस्तित्व भी गौण है
बस इतनी-सी कसक अब भी बाकी है
कहीं आत्मा भी ब्रह्मरंध्र से निकल
अंधियारों में ना भटके
देश की बात छोड़ दीजिए
हाँ, जाते जाते एक बार अपना कद तो देख लें
जिंदगी भर तो बेमतलब की दहशत में जिए
अर्थी ताबूत की माप तो मालूम हो
वर्ना रुखसती भी डर के साए में होगी।

देश मेरा है तो कुर्बानी भी मेरी होगी
सित शैल की ओट से झाँक रहे हैं अरुण
धुंधले अरण्य-सी निशा समेट रही है हीरक कण
दूर कहीं दुंदुभी बज रही, शोणित उबल रहा है
भीति अब नहीं प्राण का, न प्रमाद का रौ है
जल कुंभ-सी पटती रिक्त सिक्त धरा अब सजग है
ग्रीवा शैशव की फूटी नहीं है पर जयकारा स्वदेश की गूँज रही है
मैं सोच में डूबी, अधरों पर स्मित की स्याही लिए देख रही हूँ
उमंग और उन्माद से भरे नव भारत के बढ़ते कदम को
आवेशित उद्‌गार नहीं ये लयबद्ध प्रक्रम है
मेरे कृत्रिम अवसादों पर लगा एक प्रश्न चिन्ह है
मैं से परे सोच सको तो, दया, देश, दर्शन है
वरना भीति, राजतंत्र की नियति, चिर नर्तन है।
वरना भीति, राजतंत्र की गति, चिर नर्तन है।

गुरुदेव की पाती

छोड़ दो मंत्रोच्चारण, भजन, वंदन, माला फेरना
किसकी उपासना में बैठे हो,
अकेले, मंदिर के किसी अंधेरे कोने में,
जिसके सारे दरवाजे बंद हैं
अपने आँखों को खोल, देखो तो
क्या भगवान तुम्हारे सामने ही खड़े नहीं हैं
वो हैं वहाँ जहाँ हरवाहा सख्त जमीन को जोत रहा है
और वहाँ जहाँ राह बनाने वाले पत्थर तोड़ रहे हैं।

वो उनके साथ धूप और बारिश में हैं
और उनका वस्त्र उन लोगों की तरह धूल धूसरित हैं

उतार फेंको अपने पवित्र,
साफ सुथरे आवरण
और प्रभु की भांति रज भूमि,
धूल भरी मिट्टी, में स्वयं को,
प्रभु को ढूँढो
जहाँ सेवा भाव है,
जहाँ निज के पहले सेवा है।
वही प्रभु का वास है।

नाथ! मिलन का वक्त है शेष

वो गीत जो गाने आया था
है अपूर्ण अधूरा आज तक
मैं रहा उलझाता सुलझाता
निज साज के तारों का सरगम

ये समय नहीं है आज सही
ना शब्दों में वो ओज, सामर्थ्य
उर संताप में डूब रहा
किस अभीप्सा, इच्छा का ये मर्म

जिसके स्वरूप को देखा नही
शब्दों को जिसके सुना नहीं
बस जिनके मंद पदचाप सुने
घर की बाहर के सड़कों पर

ज्ञान दीपक अब तक ना जला
मैं कैसे उनका नमन करूं
प्राण मेरे उद्विग्न प्रभु मिलन
पर नाथ! मिलन का वक्त है शेष।

नारी नारायणी

तुम दुर्गा हो, तुम काली हो
देवश्री, शिवप्यारी हो

गंगा की अविरल धारा
स्वाति की अमिय मोती हो

अंजना अलौकिक अलका
चाँदना चंचला हो

जया, जूही, नरगिस, बेला
माला की श्रद्धा सरिता हो

अदिति अद्वितीय संस्कृति
तुम ऋचा, तुम ही समिधा हो

निर्मल नयना विनीता श्रीमयी
तुम वीणा की सुमधुर वाणी हो

नित सिमरन करे जग तुमको
तूलिका की रचना राधे हो

हिम के आलय में बसती
जल थल नभ की तुम मीना हो

पूजा अर्चना की सजी थाल
आरती तारिणी की गाती हों

श्रुति गीत– गुंजन गीता
श्रावणी वर्षा की नीलिमा

श्रृष्टि सुधा बरसाती हो
प्रकृति काशवी हुई जाती है

सुष्मिता है तेरे अधरों पर
अस्मिता तेरी अनंता है

पद्मा पर्ण की रेखा तुम
लीना किन्तु लिप्त नहीं

क्या बांध सकेगा कोई तुम्हें
तुम स्वयं ही अपनी सीमा हो

निरुपमा! अनुपमा!
तुम स्वयं ही सबकी सीमा हो!

जल रही अग्नि शिखा

सहस्त्र उर संताप से
बधित किस अभिशाप से
क्षुब्ध, विह्ल, दिशाहीन
द्रवित दावानल सदृष्य
रोष मंडित भाल सह
ले श्वास अपने हाथ में
गिन रहें हैं पल सकल
अवसन्न तन, म्रियमाण मन

किस पंत पंथ का दुहस्वप्न
किस भेद के तुम वाह्य ढाल
क्या दृष्टि दोष, प्रज्ञा भ्रमित
क्यूँ शर बने हो व्याध के
निज अस्मिता आह्वान कर
चढ़ा प्रत्यंचा प्रतिकार की
हर भेद को तू भेद दे
ले प्रतिशोध सुत भामिनी

जल रही अग्नि शिखा
कब तक जलेगी वेदवती
कीचकों के दंश से
कब तक लड़ेगी द्रौपदी
कुंती पलट कर देख तू

है द्वार पर कन्या खड़ी
चक्षु से अब पट्ट खोल तू
गांधारी, अस्मत लुट रही

सिया की धरा, सिया की धिया
कमजोर ना थी वैदेही
सुता सुनयना जनक की
ठुकरा गई सर्वस्व ही
विश्व डेग भी नहीं डिगा
अब भी फटती वसुंधरा
शर साध, असि श्रृंगार कर
तू स्वयं तेरी रक्षिका।

अहल्या, तुम जानती थी ना

तुम जानती थी ना
तुम जानती थी ना
वो इन्द्र है
फिर भी चुप रही, आखिर क्यों
तुम्हे ज्ञात था ना पति के प्रकोप का
दिव्यदर्शी ज्ञान , मान, कोप और
लेशमात्र ही सही, द्वेष का
ज्ञान था ना तुम्हें
फिर क्यूँ तुम चुप रही अहल्या
क्यूँ लावण्या को पाषाण का होने दिया

पाषाण तो मैं तब भी थी और अब भी हूँ
छली तो मैं तब भी गई
और आज भी स्वयं से छली हूँ
उस रात छल, भ्रम या सम्मोहन कह लो
मुझे पतिता, प्रेयसी या सती कह लो
मैंने पति का प्रथम वरण किया था
ना उसके पहले ना इसके बाद ही
बाद तो बस जीवन यापन किया था
मैं जानती थी या कि मैं अनजान थी
आज सहस ही आखिर ये प्रश्न क्यों
क्या तब खड़े होकर किसी ने ये कहा था

हे ब्रह्म, कन्या का ऐसा दान क्यों
फिर भी अगर तुम पूछते हो तो कहती हूँ आज
स्त्री धर्म और सतीत्व का पालन किया था
वरण तो मैंने पति का ही किया था
क्या पति ने स्त्रीत्व को अंगीकृत किया था
पाषाण तो मैं तब भी थी और अब भी हूँ
पाषाण में उस दिन बीज एक अंकुरित हुआ था
पाषाण में उस दिन मुकुल प्रस्फुटित हुआ था
काम, कौमुकता या कि सादृश्यता का
भेद मैंने अनायास ही उस दिन जिया था
तुमने पूछा छल का मुझको भान था क्या
गर ना भी था तो दंड क्या निहित नहीं था
क्रोधाग्नि में भस्म हुई थी अहल्या
इंद्र तो फिर भी देवराज रहा था

दोष किसका, फिर कहो ज्ञानी मुनिजन
दर्प और द्वेष ने मुझको छला था
छली को और जग छलता गया
युग युगांतर ये छल गहराता गया

पर अंकुरित बीज ने जड़े थाम ली हैं
रिसता–सा पर विटप एक बढ़ता गया है
मौन थी मैं, मूक, पर संदेश प्रशस्त था
दाम्पत्य है तो दंपति दोनो सम हैं
मेरे हृदय की वेदना उसका गरल है
स्त्री दान की वस्तु नहीं ना कोई ध्येय है
चुप थी मैं कि शायद मेरे प्रतिकार से
ज्ञान चक्षु जग के कुछ और खुलेंगे
तम घनेरा छाया हुआ जो मति पे है
धीरे धीरे धुंध और बादल छटेंगे
आनेवाले पीढ़ियाँ कुछ दम भरेंगी
प्रस्तरों के गह में भी पुष्प खिलेंगे

शापित

आज लगता है
फिर कोई अहल्या शापित होगी
धरा निर्विकार, जीव जंतु
निस्पृह, निःसहाय तिष्ठित
सृष्टि किसी अनिष्ट की आशंका से
उद्विग्न, आक्रांत, विह्वल
मूक दृष्ट्या
प्रतीत होता है देवेन्द्र को
फिर कोई अप्सरा
भा गई है
यूँ बरस रहें है मानो
स्वयं को बिसराए, कामातुर
समस्त कलाओं की समहती
वृष्टि विरल में डाल
उतर आएँ हैं विधि पर
हर बूंद उज्ज्वल, निर्मल
पवन के मदिर चाल से अनभिज्ञ
आह्लादित
इतर रही लावण्या के तन मन में
देवेन्द्र आज फिर किसी अहल्या की
अस्मिता भंग करेंगे
प्रतीत होता है देवेन्द्र को
फिर कोई अप्सरा
भा गई है।

जानकी

अहल्या, तुम मौन रही
कि तुम्हारी प्रशांति के बोध से भू हिल उठेगा
भू खंडों में ज्वाल उबलेगी, पिघलेगी, शीतल हो,
प्रस्तरों को तुख्म तोषित कर प्रकृति को निखारेगी
कितनी भोली थी तुम अहल्या!
तुम्हारे अदम्य साहस को पुरुष ने दोष समझा
अपराधिनी, तुम मूक हो, जा मूक हो जा!
साधारण पुरुष प्रकृति के वैभव को कब जान पाया

प्रकृति की प्रवृति स्वेच्छाचारी, निरंकुश, अबाध्य
अंकुश में रखो, शिव के जटा में गंगा की तरह
देव लोक से मर्त्य लोक आना इच्छित था
या फिर किसी तप का निमित्त मात्र
गंगा की प्रकृति उनका उन्माद था या रोष
प्रश्न ये क्यों नहीं था?
तुमने शुरुआत की, अहल्या
हम ऋणी है

भूमि के गर्भ से सित, सिया, जानकी
विदेह की दुहिता, वैदेही!
मेरा परित्याग किसी कोख की मजबूरी
मुझे अपनाना पुरुषत्व की पराकाष्ठा

प्रकृति और पुरुष का अमोघ समन्वय!
ज्ञानी, सम द्रष्टा, राजर्षि
कोई सामान्य पुरुष नहीं थे!
मैं उस जनक की जानकी, अहल्या!

मैंने प्रेम किया, हठ किया
उल्लंघन किया लक्ष्मण रेखा का
पश्चाताप है, पर इस बात का नहीं
क्यों इंगित सीमा का उल्लंघन किया
अपितु इसका कि मैं स्वयं क्यों
सक्षम नहीं थी स्व रक्षा हेतु
प्रश्न सुरक्षा और स्वधर्म का था
किंतु स्वधर्म भी तब जब स्वयं सक्षम!

मैंने परिणाम भोगा
परपुरुष की अवांछित पकड़
बाद, कुत्सित समाज की अनर्गल बातें!
बहिष्कार, तिरस्कार क्या वांछनीय था?
अशोक वाटिका इसके समक्ष तपोवन था
चिंतन मनन, स्व परीक्षण स्थल
अग्नि परीक्षा इस भू सुता का?
अग्नि परीक्षा ले व्यर्थ ही युग लांछित हुआ था

अज्ञात नहीं थी प्रकृति पुरुष के संकल्प से
जानती थी प्रकृति पुरुष की समदर्शिता
त्यागा राज्य हेतु प्रतिबद्ध हो राम ने जब
तब हृदय खंडित हुआ था
बहिष्कृत सीता की जगह कनक छाया?
तब नयन सिक्त हुए थे
पुनः अग्नि परीक्षा ताकि मैं सिंहासन विराज सकूं?
न अहल्या, वो तुम्हारे बलिदान का तिरस्कार होता

वक्त था नारीत्व को जगाने का
अग्नि परीक्षा से भ्रमित ज्ञानियों को
यज्ञसेनी के तेजोद्दीप्त रूप का साक्ष्य देना
हां अहल्या, मैं समा गई थी भूमि में
धिक्कार कर पुरुष के पुरुषत्व को
और सींच कर बीज उस मनस्विनी का
जो पुरुष से मिलेगी प्रकृति की पराकाष्ठा बन

अहल्या, व्यर्थ ना था बलिदान तुम्हारा
योषिताओं ने हर युग में अनय को ललकारा है
हर युग के मिथ्या जाल को छिन्न-भिन्न कर
नारी अस्मिता के अस्तित्व को
नव प्रभा, नव चेतना, नव अग्नि दिया है।
कलि की नारी ध्येय मात्र नहीं
ध्येय तो उसके अस्तित्व की मात्र नख शिखा है।

राधा और रुक्मिणी

कृष्ण कुंज के पर्ण किरीट पर बरस रहे चौमासा
पांव पंक महावार रच, झूले कचनारी काया
कोकिल कूजे, पिया मिलन को आबद्ध, आकंठित मन
राग यमन, वागश्री, चपल चाँदनी, छन्न

गौ गोकुल की गलियों में भींजे तन मन राधा
महल रुक्मिणी ताक रही थी गहन मेघ निर्बाधा
एक कृष्ण की बाल सखी, दूजी राज पटरानी
किसके हिय की लगी कृष्ण को, इससे हैं अनजानी

विभा विभु की अर्धरात्री, कौधी क्षण भर चपला
घात लगाए काम देव, औ पुष्प शर का असला
यमुना तीरे बैठी राधा, चित्त शांत सिंदूरी
कृष्ण कुंज की रुक्मिणी, गुह्य राज को जीती

राधा कृष्ण की प्रेम पहेली, रुक्मिणी कण, कण जाने
स्वयं ही प्रेम भक्ति में डूबी, रुक्मिणी कृष्ण पहचाने
राधा के हृदय की लगी और कौन पतियाए
त्रिया चरित्र मधु, हठ, आदर, त्रिया ही बूझ, बुझाए

राधा पूछे रुक्मिणी, क्यों कर लिन्ही ब्याह
रुक्मिणी हँसै, कहे, ओ रानी, ना पहचानी माया ?

कृष्ण कुंज के कदंब कपाट, धीर धीर मुस्काते
गहन राज क्या खोलेंगी, लिख देंगी दोनों पाती ?

राधा रानी मंदिर मंदिर, मधुसूदन के संग
मन मंदिर अकुलाय रुक्मिणी, भार्या मधुसूदन ?
मूर्त देखो ध्यान से, न रुक्मिणी ना राधा संग
राधा छूटे जहाँ से, अर्धांगिनी वहीं से संग

इह लोक की गाथा इति, नारी पर्याय बेला
कभी राधा की रागिनी, कभी रुक्मिणी का मेला
कृष्ण कुंज के कनक कोल में, कृष्ण अंटकाते माया
क्या गोकुल के गोप गोपियां, क्या द्वारका राज्ञः

राधा पूजे पाहन में जग, प्रेम को आँच न आवे
इसी आँच में जल गई, जाने कितनी राधाएँ
रुक्मिणी लांघ गई मर्यादा' किंतु ब्याह रचाए
मर्यादा में बंधी स्त्री, मर्यादित भार निभाय

श्री स्वरूपा देवी रुक्मिणी, राधा प्रकृति प्रत्यक्ष
एक नदी की उच्छ्वल धारा, दुजी सरित सिंधु पर्व
युग पुरुष कृष्ण, चिर वैभव, ओज उदित या अस्त
युग युगांतर यही विशेष्य, नर उद्यमी, नारी बहता जल

कोई कुंज में अलख जगाए, हरी, हरी दर्शन पाए
कोई आयतन अलख जलाए, सुख समृद्धि लाए
पुरुष एक ही विधा संभाले, प्रेम प्रशासन एक
कहीं रुक्मिणी सिया स्वरूपा, कहीं राधा को नेग !

*भागवत पुराण में ऐसा वर्णित है कि रुक्मिणी के आग्रह पर कृष्ण ने उनका अपहरण कर उन्हें शिशुपाल से ब्याह करने से बचाया था। वहश्री कृष्ण की पटरानी बनी।

माया

काश कि कोई राजा हरिश्चंद होता
पर वह भी गृहस्थी केलिए दंश होता
क्या सब नहीं माया में निहित है
सचराचर समय की काष्ठ पुत्तलिका!

निमित्त मात्र जन, विप्लव में फंसा मृतिका
दंभ, व्यसन के पाट में गह खोदता
मूठ हाथों में अंध आभास का
हर व्यष्टि, कर्दट, आज सम्राट बनता

कोई जो भरे हुंकार यहाँ कृष्ण बन के
है कोई युधिष्ठिर जो पांच गांव तज दे
पुत्र पाश में गहरे फंसे थे धृतराष्ट्र
माया नहीं क्या स्वयं खड़ी थी कुंती बन के

घोर तिमिर है, तुमुल क्रीड़ारत हर मनस में
आर्द्र नयन, लघु उर संतप्त, म्रियमान मन है
स्वर क्षीण, मलिन कांति, आर्ति अनंत
किस भ्रांति में लिप्त ये जग समग्र है

देना स्वयं को कुछ क्षण अवसान अब है
तड़ित तरंग, धवल दामिनी, चपला उद्धत है

कालनेमि अवरुद्ध किए है पथ प्रतिष्ठित
सारंग, व्याल विष पाश में मलयज सकल है

विदीर्ण शाटिका', समक्ष झंझा प्रचंड है
शर समीर का द्वंद कि सुरसा प्रत्यक्ष है
रचता है नित नए प्रसंग काल लयबद्ध
माया बुनती जाल कर्मेंद्रियों के है

रश्मिरथ यंत्रवत है चल रहा
माया निर्लिप्त जग नाट्य मंच रहा
लोम लोम सहर्ष माया को समर्पित
पथभ्रमित संसृति, काल स्थितप्रज्ञ रहा

क्षणदा गहन, ऊषा भी निर्माल तजती
आज स्वर्णिम वेला में गुह्य राज कहती
जब भी मानव निज कुत्सित भावना लिप्त
माया उसी की तृष्णा का वृत्त गढ़ती

काल तो अक्षुण्ण, निहित, निमित्त, निष्पक्ष
माया विहंसती, अतीन्द्रिय की राह तकती
हो राजा हरिश्चंद्र कि धर्म राज युधिष्ठिर
माया मद, इसी लोक में भरपाई करते

अभिमन्यु जब कोई व्यूह फंसते
अंशुमन भी काल की परछाई बसते
ग्लानि, तृषा, लोभ, कामुकता, अहं, दंभ
मनुज के नित नए इतिहास गढ़ते।

काश कि कई राजा हरिश्चंद्र होते
युधिष्ठिरों में कोई तो धर्मराज होते
सुमति, शक्ति, शांति के स्त्रोत, ज्ञाता
माया मनुज एक दूजे के पर्याय होते।।

नंद की नंदिनी

सौंपा था मैंने वासुदेव को
अपने जिगर का टुकड़ा
ना कोई प्रश्न ना दुविधा
नजर भर देखा भी था क्या
अद्वितीय सुंदरी, योगमाया
मन में किंचित आशंका भी थी
किन्तु हृदय में सिर्फ समर्पण
मित्र था मेरा, और पिता संत्रस्त था!

ना बंधु, ये ना सोचना
कन्या थी, निर्णय आसान था
कन्या थी शायद इसलिए
नेत्र अजस्त्र बहे
नन्द वासुदेव गले मिल
हिचक हिचक अथक रोए
ना नन्द का बलिदान था
ना वासुदेव का परित्राण

असी की धार पर थी धरी
दोनों की ही संतति
चौमासा, वृष्टि विह्वल
विलुप्त थी चाँदनी
धात्री अनभिज्ञ थी

अचेत, स्मृतिलोप!
क्या सहज ही दे पाती
वो निज कोख की जनी

सात नवजात शिशु जिसने
थे भाग्य को अर्पण किए
अभिशप्त अभीप्सा लिए
हिय अनल संचित किए
जब निलय हो कारावास,
तो क्या जिजीविषा, क्या अनुराग!
संसृति संतप्त तो संतति निहित आस
क्या था ये देव प्रयास?

योगमाया थी
कि कोरक मेरे वक्ष की
मैं रहा सतत् विकल
चिर नीरव मेरा आगार
जब किलकती कूक थी
प्रांगण गोप गोपियां
मैं क्षितिज को ताकता
निर्निमेष, मेरी नंदिनी

यमुना कभी उच्छ्वास भर
कूल लांघती भाद्रपद
मैं नंद नंदगांव का
वो वासुदेव मथुरा नगरी
जल ग्रहण कर हस्त पद्म में
करते अभिषेक अर्धरात्रि
गहन तिमिर के आनन में
ये भेद गहन से भी गहरी

जब पयोधर बरसे अनवरत
जल थल नभ सब एकसार

जब भीषण गर्जन संग चमके
धवल, उज्ज्वल क्षणप्रभा
मैं सिक्त नयन से ताकूँ नभ
क्या आया कोई पाती, संदेश।
तड़ित तडंग तनया मेरी
मैं तात तेरा, युग युग अशेष।

द्रौपदी, तुम किसकी थी ?

द्रौपदी, तुम किसकी थी ?

धर्म की, बल की, शौर्य
या फिर ज्ञान अभिज्ञान की ?
किसकी थी तुम द्रौपदी ?

समाज की, शील की, सौंदर्य
या फिर संवेदना और धैर्य की
किसकी थी तुम द्रौपदी !

मस्तक पर यज्ञ का ओज,
नेत्रों में हवन की अग्नि
द्रौपदी किसकी थी तुम ?

स्वर्णिम काया, चंचला, तपस्वनी
नारीत्व की अखंडित स्वामिनी
तुम किसकी थी, द्रौपदी ?

प्रतिशोध की पराकाष्ठा थी
या तिय तिरस्कार का प्रतिकार
क्या थी तुम, द्रौपदी ?

तुम प्राणाग्नि थी द्रौपदी
परशाति, श्री
जग समा ना सका

तुम अग्नि शिखा थी द्रौपदी
यज्ञसेनी, सत्यनिष्ठा
जग सह ना सका

तुम क्या किसी की होती द्रौपदी
कोई तुम्हारे लायक
था भी क्या...

प्रतीक्षा

आँखें मुंद चुकी है
श्वास रुक चुकी है
धड़कने बंद हो चुकी हैं
बर्फ की सिल्लियों पर
ठंडा होता शरीर
पत्थर का हो रहा है

अगरबत्ती क्यूँ जलाई
उसके धुएँ में मानो
शैनः शैनः स्मृतियाँ
आकृति लेती हुई
किसी अवशिष्ट में
समा रही हैं

तांता लगा था लोगों का
अब सब शांत
आँसुओं की धार
धुएँ और धूल से मिल

जम गएँ है मानो
हिम वर्तिका
चंद पथराई आँखे

अनवरत ताक रही है
लहरों पार से वो आए
और कंधा दे
जीते जी भी इंतज़ार था
मृत्योप्रांत भी प्रतीक्षारत...

वय संध्या

उर स्पंदित मदिर राग में शैन:-शैन: उलझी
मैं योषिता, वंदित वनिता, लघु स्पर्शन में बिखरी
रक्त किसलय-सी सुर्ख कपोलों की कृष्णकली काया
वय संध्या की बेला में चिर-यौवन की माया
अधरों पर नवचेतन सस्मित, अभीप्सा जग विजय की
कई विदीर्ण विभावरी बिसरा, दामिनी दमन को निकली
भित्ति नभ, रक्तिम संध्या, पावस की चंद बूंदे
विभा विभु की अम्बक में, तूलिका हस्त पद्मं में
सांझ की बेला में चिर यौवन की परिणत परिभाषा
त्वरित तड़ित सम ताम्र तरूणी अब तोषिता, तरिणी, तारा
नेह बंधन सिक्त अंचल किंतु निर्लिप्त एक स्त्रोत हृदय का
उस स्त्रोत से प्रस्फुटित, नव अभिप्राय जीवन का
मन मयूर मेघा मर्दन में मदिर, मदिर मुस्काए
चपल चांदनी चारु चंद्र की चमन, चमन चटकाए
थिरक-थिरक थाती सैंते, बचे हैं दिन दुई चार
तुमुल तिमिर विसराय व्यथा, योषा गाए मल्हार
भित्ति नभ, रक्तिम संध्या, पावस बूंद हजार
हस्त पद्म में सजा तूलिका, मन रचे लघु संसार।

मैं प्रणीता

मैं प्रणीता, अमिय धार
कूंप में संचित, धरा की दृगजल विस्तार!
यज्ञ की अथ इति, आचमन आधार
मैं प्रणीता, अमिय धार!

उड़ चली निछवास-सी सह आतप संहार
मोतियों-सी बिखरी, सित धरा श्रृंगार
गर्भित बदरी का भार!
मैं प्रणीता, मसि मंझधार!

गर्भ में धारण किए बीज नव आभास
अंबु अम्बक में धरे रच रही हर श्वास
सींचे अंग स्नायु राग!
मैं प्रणीता, विश्व सार!

मैं सलिल स्वर सिंधु सरिता
सिमट कर अपनी धरोहर
गंगा पैठी एक कमंडल
छल या अनुराग

मैं प्रणीता, तार तार!
आचमन संसार!
लघु आधार!
व्यापार!

घिर आई बदरी जीवन में

लघु निलय के लता कुंज में, घन बरसे,
मति सुमति को तरसे
विपुल घटा घनघोर
विप्लव चहुँ ओर
घिर आई बदरी जीवन में

शुष्क अम्बक के श्वेतानन में सुख विमुख,
सघन सन्नाटा शेष
लावा लावा पिघले
हिय वाष्प के वेग
घिर आई बदरी जीवन में

हस्त कनक शलाका कांपे, चित्र उकेरे
चंदन लिपटे व्याल, खग कुजे
कुरग खड़े इक डार
भीति हिय विदार
घिर आई बदरी जीवन में

पट खोले अंबर, अहर्निश हर हर
तकते निर्निमेष चराचर
जीवन प्रलय एक सार
बरसे आतप क्षार
घिर आई बदरी जीवन में

यशोधरा

मैं जानती थी, तुम आओगे
और जब आओगे तो तुम्हारी नजरें नीची होंगी
इसलिए नहीं कि मैं स्त्री हूँ
अपितु इसलिए कि मेरी नजरों की रिक्तता
तुम्हारी सिद्धता को कहीं अल्प ना कर दे
विश्व को शांति पाठ पढ़ाने वाले
जब साधा होगा अतिंद्रियों को
वो आखिरी कंटक जैसे निकाला होगा?
उर रिसा था, या रक्त की रक्तिमा
मेरे वक्ष के सूखते दुग्ध के श्वेत
कणिकाओं की तरह अश्वेत हो चले थे
मैंने राह देखी थी
पर मुझे ज्ञात था तुम आओगे
पुनः जाने केलिये

मुझे तो ये भी ज्ञात था कि तुम जाओगे
क्षण क्षण बढ़ती दूरी
दैहिक, बौद्धिक, पैतृक
पर क्षणदा का घूंघट ओढ़?
पुत्र मोह का साकंल गहन में उतार फेंकना
आसान था शायद
भार्या तो सर्वदा समीधा थी यज्ञ की!
बुद्ध, शांति के प्रचारक!
कर्दम, कर्दत में होती मुकुलित कुमुदनी

फिर ये कर्द तो
काजल, कालिख, क्लेश से जनी थी
अहर्निश बहते आँसू, परित्यक्ता, प्रसूता,
ना बांध सकी पति को,

मेरी तपस्या भी कम नहीं थी।

फर्क इतना था, तुम
विश्व कल्याण की बात कर रहे थे
शांति और धर्म का सीख दे रहे थे
समाज में रहकर
समाज तजने की बात कह रहे थे
और मैं, हर उच्छवास में
स्त्री उत्थान के चरण लिख रही थी
गृह त्याग बुद्ध की पूर्णिमा मेरा भी सर्ग होता
और तब संसार शायद मेरे ममत्व को पूछता, ना पूछता
पर क्या तुम मेरी आन संभाल रखते
बुद्ध, पुनः पूछती हूँ
जब पीपल के वृक्ष तले
विह्वल चित्त को एकाग्र किए
तुम वो ज्योति पुंज ढूँढ रहे थे

तो किसे याद किया था
क्षमा मांगी थी क्या
नवजात शिशु से,
ब्याहता, प्रसूता से
मुझे ज्ञान था बुद्ध,
तुम्हारी अनख, अभिताप का
तुम्हारे भाल पे गहराती रेखाओं में
मैंने देखा था अपना भविष्य
पर योषिता का त्याग कर, आर्यपुत्र?
मैं तब भी रोक सकती थी
तन अचेतन था, मन सजग
पर ज्ञान पिपासा का पथ मेरे

बहते लहु की कीच से ही
निःसृत था।

आठों याम घूमते, ढूँढते, भिक्षा की गुहार लगाते
हर शब्द मुझ तक पहुंचती
भिक्षां देहि!
मैं दे न सकी,
किंचित उधार था मेरा
समस्त नारी जाति पर
तजा था मैंने भी वैभव, व्यवहारिक संसार
तुम तो इकलांत थे
मैं माता तुम्हारे पुत्र की
सतयुग से कलयुग की कथा
माता बहिष्कृत, परित्यक्ता
पिता, पुरुषोत्तम! बुद्ध!

ज्ञात था तुम्हें, तुम्हारे बौधित्व का मर्म
जिस क्षण मेरी आत्मा
सिद्धात्मा से जुड़ी थी, बोधिसत्व
उस क्षण, हाँ उसी क्षण तुम बोधिसत्व बने
अष्ट याम तप तुमने किए, मैंने भी
तप फलित, जब मैंने तुम्हें
मुक्त किया था ग्लानि पाश से,
कुछ बचा था क्या, कुछ बचाया था क्या
नहीं, कुछ नहीं, कोई कर्ज नहीं
अपने अस्तित्व को एक नया आयाम दिया था
नारी जाति का अस्तित्व
सती नहीं, चिर सुंदरी, परित्यक्ता नहीं,
मैं ज्ञानदा, स्वयंसिद्धा
स्वयं में संपूर्ण
यशोधरा।।

❑❑❑